1972

Wachet und betet

Ordnungen, Gebete, Texte
Herausgegeben von
Günter Bezzenberger und Christian Zippert

Dieses Buch gehört:
Friederike Klitscher

D1720159

Johannes Stauda Verlag Kassel
1972

Für freundliche Genehmigung zum Abdruck haben wir
zu danken: Verlag Butzon und Bercker, Kevelaer:
S. 39 nach einem Text aus „Wir loben dich" von
Eleonore Beck und Gabriele Miller / Herder-Verlag,
Wien: S. 56 (6) aus „Ganz nah ist dein Wort" von
H. Oosterhuis / Jugenddienst-Verlag, Wuppertal:
S. 46 (5.) und S. 60 (u) f. aus „Werkbuch Gottes-
dienst", hrsg. von O. Schnath / Chr. Kaiser Verlag,
München: S. 56 (2) aus „Widerstand und Ergebung"
von Dietrich Bonhoeffer, Neuausgabe 1970, S. 435 /
MBK-Verlag, Bad Salzuflen: S. 50 (2) aus „Fülle
mein Herz" von M. A. Thomas.

13. Auflage
© Johannes Stauda Verlag GmbH Kassel 1970
Bärenreiter-Druck Kassel
ISBN 3 7982 0002 5
9783885560210

INHALT

ORDNUNGEN

Gemeinsames Gebet

Lied

Psalm

Ehre sei dem Vater und dem Sohn und dem
Heiligen Geist,
> wie es war im Anfang, jetzt und immerdar
> und von Ewigkeit zu Ewigkeit. Amen.

Schriftlesung

[Auslegung]

Lied

Gebet und Fürbitten

Vaterunser

Es segne und behüte uns Gott, der Allmächtige
und Barmherzige, Vater, Sohn und Heiliger
Geist.
> Amen.

Morgengebet

Die Nacht ist vergangen, der Tag ist herbeige-
kommen. Laßt uns wachen und nüchtern sein
und abtun, was uns träge macht. Laßt uns
laufen mit Geduld in dem Kampf, der uns ver-
ordnet ist, und aufsehen auf Jesus, den Anfän-
ger und Vollender des Glaubens.

oder:

Ein neuer Tag liegt vor uns. Wir werden Gottes
Hilfe brauchen. Sein Wort soll uns leiten.

Lied

Psalm

Ehre sei dem Vater und dem Sohn und dem
Heiligen Geist,
    wie es war im Anfang, jetzt und immerdar
    und von Ewigkeit zu Ewigkeit. Amen.

Schriftlesung

Herr, laß unsere Füße sichere Tritte tun.
    Dein Wort geleite uns auf allen unsern Wegen.
Vom Aufgang der Sonne bis zu ihrem Nieder-
gang
    sei gelobet der Name des Herrn.

oder:

Weise mir, Herr, deinen Weg,
  daß ich wandle in deiner Wahrheit.
Erhalte mein Herz bei dem Einen,
  daß ich deinen Namen fürchte.

[Auslegung]

Lied

Gebet und Fürbitten

Vaterunser

Laßt uns lobpreisen den Herrn.
  Gott sei ewiglich Dank.

Die Gnade unseres Herrn Jesus Christus und
die Liebe Gottes und die Gemeinschaft des
Heiligen Geistes sei mit uns allen.
  Amen.

Abendgebet

Es ist Abend geworden. Hilf uns, Herr, wenn wir wachen und behüte uns, wenn wir schlafen, daß wir mit Christus wachen und im Frieden ruhen.

oder:

Ein Tag ist zu Ende. Wir schauen zurück. Bei Gott suchen wir Antwort auf unsere Fragen.

Lied

Wir bekennen Gott dem Allmächtigen, daß wir gesündigt haben in Gedanken, Worten und Werken. Wir bekennen unsere Schuld.
    Der allmächtige Gott erbarme sich unser,
    er vergebe uns unsere Sünde und führe uns
    zum ewigen Leben.
Nimm von uns, Herr, unsere Sünde und gib, daß wir mit reinem Herzen dir dienen und dich preisen.
    Amen.

Psalm

Ehre sei dem Vater und dem Sohn und dem Heiligen Geist,
    wie es war im Anfang, jetzt und immerdar
    und von Ewigkeit zu Ewigkeit. Amen.

Schriftlesung

Gott sei uns gnädig und barmherzig
    und gebe uns seinen göttlichen Segen.
Er lasse uns sein Antlitz leuchten,
    daß wir auf Erden erkennen seinen Weg.

oder:

Lobe den Herrn, meine Seele,
    und was in mir ist, seinen heiligen Namen.
Lobe den Herrn, meine Seele,
    und vergiß nicht, was er dir Gutes getan hat.

[Auslegung]

Lied

Gebet und Fürbitten

Vaterunser

Laßt uns lobpreisen den Herrn.
    Gott sei ewiglich Dank.

Der Friede Gottes, der höher ist als alle Vernunft, bewahre unsere Herzen und Sinne in Christus Jesus.
    Amen.

Abendmahl

[Lied]

Psalm

Lesung

[Auslegung und Gespräch]

Fürbitten

[Lied]

Vor uns stehen Brot und Wein, durch Jesus zu
Zeichen der Liebe Gottes gemacht. Wir danken
Gott für seine Gaben, für das Heil, das sie uns
nahebringen. Wir vereinen uns mit allen Christen auf Erden, mit allen, die uns im Glauben
vorangegangen sind, und beten Gott an:

> Heilig, heilig, heilig ist Gott, der Herr,
> der Allmächtige, der da ist und der da war
> und der da kommt.

Herr, unser Gott, wir danken dir: Du hast dich
über die Menschen erbarmt, du hast an den
Bund mit deinem Volk gedacht und hast
deinen Sohn in die Welt gesandt, Jesus Christus,
der gehorsam war bis zum Tode.

In der Nacht, da er verraten ward, nahm er das Brot, dankte und brachs und gabs seinen Jüngern und sprach: Nehmt hin und eßt, das ist mein Leib, der für euch gegeben wird. Solches tut zu meinem Gedächtnis. Desgleichen nahm er auch den Kelch nach dem Abendmahl, dankte, gab ihnen den und sprach: Nehmt hin und trinkt alle daraus, dieser Kelch ist der Neue Bund, mein Blut, das für euch vergossen wird zur Vergebung der Sünden. Solches tut, sooft ihrs trinkt, zu meinem Gedächtnis.

Vor dir, lieber Vater, tun wir, was er, unser Helfer, von uns erwartet. Wir hören sein Wort und ermessen, was sein Tun und Leiden für uns bedeutet. An seinem Tisch vereint merken wir, daß er lebendig unter uns ist. In seinem Namen bitten wir dich: Erfülle uns und alle Welt mit deinem Geist. Ändere uns, wirke in uns neues Vertrauen, neue Liebe, neue Zuversicht.

In diesem Brot, das wir essen, laß uns begreifen, daß wir in Jesus verbunden sind zum gemeinsamen Dienst an den Menschen über alles, was uns trennt, hinweg. In diesem Wein, den wir trinken, laß uns begreifen, daß Jesus unsere Freude ist, jetzt und wenn wir sterben, trotz allem, was uns Angst macht und bedrückt.

Wir glauben: Unser Herr kommt.

Ja, komm, Herr Jesus.

Vaterunser

Austeilung

Schlußgebet (z. B. S. 57 f.)

[Lied]

Der Herr segne uns und behüte uns. Der Herr
lasse sein Angesicht leuchten über uns und sei
uns gnädig. Der Herr erhebe sein Angesicht
auf uns und gebe uns Frieden.

Amen.

CHORGEBETE

Psalmen

Advent 1 *aus Psalm 24*

Siehe, dein König kommt zu dir, ein Gerechter und ein Helfer.

Machet die Tore weit und die Türen in der Welt hoch,
    daß der König der Ehre einziehe!
Wer ist der König der Ehre?
    Es ist der Herr, stark und mächtig; der Herr, mächtig im Streit.
Machet die Tore weit und die Türen in der Welt hoch,
    daß der König der Ehre einziehe!
Wer ist der König der Ehre?
    Es ist der Herr Zebaoth; er ist der König der Ehre.

Siehe, dein König kommt zu dir, ein Gerechter und ein Helfer.

Die Finsternis vergeht und das wahre Licht
scheint jetzt.

Singet dem Herrn ein neues Lied;
    denn er tut Wunder.
Er schafft Heil mit seiner Rechten
    und mit seinem heiligen Arm.
Der Herr läßt sein Heil kund werden;
    vor den Völkern macht er seine Gerechtig-
    keit offenbar.
Er gedenkt an seine Gnade und Treue für das
Haus Israel;
    aller Welt Enden sehen das Heil unseres
    Gottes.
Jauchzet dem Herrn, alle Welt;
    singet, rühmet und lobet!

Die Finsternis vergeht und das wahre Licht
scheint jetzt.

Weihnachten

aus Psalm 95

Fürchtet euch nicht, denn euch ist heute der
Heiland geboren.

Kommt herzu, laßt uns dem Herrn frohlocken
    und jauchzen dem Hort unseres Heils!
Laßt uns mit Danken vor sein Angesicht kommen
    und mit Psalmen ihm jauchzen!
Denn der Herr ist ein großer Gott
    und ein großer König über alle Götter.
Kommt, laßt uns anbeten und knien
    und niederfallen vor dem Herrn, der uns
    gemacht hat.
Denn er ist unser Gott,
    und wir das Volk seiner Weide.

Fürchtet euch nicht, denn euch ist heute der
Heiland geboren.

Wohl denen, die in deinem Hause wohnen, die
loben dich immerdar.

Jauchzet dem Herrn, alle Welt!
    Dienet dem Herrn mit Freuden,
Kommt vor sein Angesicht mit Frohlocken!
    Erkennet, daß der Herr Gott ist!
Er hat uns gemacht und nicht wir selbst
    zu seinem Volk und zu Schafen seiner
    Weide.
Gehet zu seinen Toren ein mit Danken,
zu seinen Vorhöfen mit Loben!
    Danket ihm, lobet seinen Namen!
Denn der Herr ist freundlich
und seine Gnade währet ewig
    und seine Wahrheit für und für.

Wohl denen, die in deinem Hause wohnen, die
loben dich immerdar.

Alles Land bete dich an und lobsinge dir, lobsinge deinem Namen, du Höchster.

Danket dem Herrn und rufet an seinen Namen;
    verkündigt sein Tun unter den Völkern!
Rühmet seinen heiligen Namen;
    es freue sich das Herz derer, die den Herrn
    suchen!
Fraget nach dem Herrn und nach seiner Macht,
    suchet sein Antlitz allezeit!
Es ist der Herr, unser Gott,
    er richtet in aller Welt.
Er gedenkt ewiglich an seinen Bund,
    an das Wort, das er verheißen hat für tausend
    Geschlechter.

Alles Land bete dich an und lobsinge dir, lobsinge deinem Namen, du Höchster.

Gedenke, Herr, an deine Barmherzigkeit und an
deine Güte, die von Ewigkeit her gewesen sind.

Nach dir, Herr, verlangt mich;
    mein Gott, ich hoffe auf dich.
Laß mich nicht zuschanden werden;
    denn keiner wird zuschanden, der auf dich
    harret.
Herr, zeige mir deine Wege
    und lehre mich deine Steige!
Leite mich in deiner Wahrheit und lehre mich!
    Denn du bist der Gott, der mir hilft; täglich
    harre ich auf dich.
Um deines Namens willen, Herr,
    vergib mir meine Schuld, die so groß ist!

Gedenke, Herr, an deine Barmherzigkeit und an
deine Güte, die von Ewigkeit her gewesen sind.

Gott, sei mir gnädig nach deiner Güte und tilge
meine Sünden nach deiner großen Barmherzigkeit.

Wasche mich rein von meiner Missetat
    und reinige mich von meiner Sünde.
Denn ich erkenne meine Missetat,
    und meine Sünde ist immer vor mir.
An dir allein habe ich gesündigt
    und übel vor dir getan.
Schaffe in mir, Gott, ein reines Herz
    und gib mir einen neuen, beständigen Geist.
Verwirf mich nicht von deinem Angesicht
    und nimm deinen heiligen Geist nicht von
    mir.
Erfreue mich wieder mit deiner Hilfe,
    und mit einem willigen Geist rüste mich aus.

Gott, sei mir gnädig nach deiner Güte und tilge
meine Sünden nach deiner großen Barmherzigkeit.

Halleluja! Auferstanden ist der Herr! Halleluja!

Man singt mit Freuden vom Sieg in den Hütten
der Gerechten:
  Die Rechte des Herrn behält den Sieg!
Die Rechte des Herrn ist erhöht;
  die Rechte des Herrn behält den Sieg!
Der Stein, den die Bauleute verworfen haben,
  ist zum Eckstein geworden.
Das ist vom Herrn geschehen
  und ist ein Wunder vor unseren Augen.
Dies ist der Tag, den der Herr macht;
  laßt uns freuen und fröhlich an ihm sein.

Halleluja! Auferstanden ist der Herr! Halleluja!

Ich will deinem Namen danken, Herr, für deine
Güte und Treue.

Der Herr ist mein Hirte,
    mir wird nichts mangeln.
Er weidet mich auf einer grünen Aue
    und führet mich zum frischen Wasser.
Er erquicket meine Seele;
    er führet mich auf rechter Straße um seines
    Namens willen.
Und ob ich schon wanderte im finsteren Tal,
    fürchte ich kein Unglück;
Denn du bist bei mir,
    dein Stecken und Stab trösten mich.
Du bereitest vor mir einen Tisch im Angesicht
meiner Feinde;
    du salbest mein Haupt mit Öl und schenkest
    mir voll ein.
Gutes und Barmherzigkeit werden mir folgen
mein Leben lang,
    und ich werde bleiben im Hause des Herrn
    immerdar.

Ich will deinem Namen danken, Herr, für deine
Güte und Treue.

Herr, ich habe lieb die Stätte deines Hauses
und den Ort, da deine Ehre wohnt.

Der Herr ist mein Licht und mein Heil;
    vor wem sollte ich mich fürchten?
Der Herr ist meines Lebens Kraft;
    vor wem sollte mir grauen?
Eines bitte ich vom Herrn, das hätte ich gerne:
    daß ich im Hause des Herrn bleiben könne
    mein Leben lang,
Zu schauen die schönen Gottesdienste des
Herrn
    und seinen Tempel zu betrachten.
Denn er deckt mich in seiner Hütte zur bösen
Zeit,
    er birgt mich im Schutz seines Zeltes.
Darum will ich Lob opfern in seinem Zelt,
    ich will singen und Lob sagen dem Herrn.

Herr, ich habe lieb die Stätte deines Hauses
und den Ort, da deine Ehre wohnt.

Wie sich ein Vater über Kinder erbarmt, so erbarmt sich der Herr über die, die ihn fürchten.

Lobe den Herrn, meine Seele,
    und was in mir ist, seinen heiligen Namen!
Lobe den Herrn, meine Seele,
    und vergiß nicht, was er dir Gutes getan hat:
Der dir alle deine Sünde vergibt
    und heilet alle deine Gebrechen,
Der dein Leben vom Verderben erlöst,
    der dich krönet mit Gnade und Barmherzig-
    keit.
Er handelt nicht mit uns nach unseren Sünden
    und vergilt uns nicht nach unserer Missetat.
Denn so hoch der Himmel über der Erde ist,
    läßt er seine Gnade walten über denen, die
    ihn fürchten.
So fern der Morgen ist vom Abend,
    läßt er unsere Übertretungen von uns sein.

Wie sich ein Vater über Kinder erbarmt, so erbarmt sich der Herr über die, die ihn fürchten.

Herr, unser Herrscher, wie herrlich ist dein
Name in allen Landen.

Wenn ich sehe die Himmel, deiner Finger Werk,
    den Mond und die Sterne, die du bereitet
    hast:
Was ist der Mensch, daß du seiner gedenkst,
    und des Menschen Kind, daß du dich seiner
    annimmst?
Du hast ihn wenig niedriger gemacht als Gott,
    mit Ehre und Herrlichkeit hast du ihn
    gekrönt.
Du hast ihn zum Herrn gemacht über deiner
Hände Werk,
    alles hast du unter seine Füße getan.

Herr, unser Herrscher, wie herrlich ist dein
Name in allen Landen.

Trinitatis 3   *aus Psalm 1*

Weise mir, Herr, deinen Weg, daß ich wandle in
deiner Wahrheit.

Wohl dem, der nicht wandelt im Rat der Gott-
losen
    noch tritt auf den Weg der Sünder noch
    sitzt, wo die Spötter sitzen,
Sondern hat Lust am Gesetz des Herrn
    und sinnt über seinem Gesetz Tag und Nacht!
Der ist wie ein Baum, gepflanzt an den Wasser-
bächen,
    der seine Frucht bringt zu seiner Zeit,
Und seine Blätter verwelken nicht,
    und was er macht, das gerät wohl.

Weise mir, Herr, deinen Weg, daß ich wandle
in deiner Wahrheit.

Der Herr Zebaoth ist mit uns, der Gott Jakobs
ist unser Schutz.

Gott ist unsere Zuversicht und Stärke,
    eine Hilfe in den großen Nöten, die uns
    getroffen haben.
Darum fürchten wir uns nicht, wenngleich die
Welt unterginge
    und die Berge mitten ins Meer sänken,
Wenngleich das Meer wütete und wallte
    und von seinem Ungestüm die Berge ein-
    fielen.
Der Strom mit seinen Bächen erfreut die Stadt
Gottes,
    die heiligen Wohnungen des Höchsten.
Gott ist bei ihr drinnen, darum wird sie fest
bleiben;
    Gott hilft ihr früh am Morgen.

Der Herr Zebaoth ist mit uns, der Gott Jakobs
ist unser Schutz.

Tod und Ewigkeit   *aus Psalm 121*

Herr, deine Güte reicht so weit der Himmel ist.

Ich hebe meine Augen auf zu den Bergen.
    Woher kommt mir Hilfe?
Meine Hilfe kommt vom Herrn,
    der Himmel und Erde gemacht hat.
Er wird deinen Fuß nicht gleiten lassen,
    und der dich behütet, schläft nicht.
Der Herr behüte dich vor allem Übel,
    er behüte deine Seele.
Der Herr behüte deinen Ausgang und Eingang
    von nun an bis in Ewigkeit!

Herr, deine Güte reicht so weit der Himmel ist.

Der Herr ist meines Lebens Kraft, mein Licht
und mein Heil. Halleluja.

Herr, ich danke dir dafür,
    daß ich wunderbar gemacht bin;
Wunderbar sind deine Werke;
    das erkennt meine Seele.
Deine Augen sahen mich,
    als ich noch nicht bereitet war,
Und alle Tage waren in dein Buch geschrieben,
    die noch werden sollten und von denen
    keiner da war.
Aber wie schwer sind für mich, Gott, deine
Gedanken!
    Wie ist ihre Summe so groß!
Wollte ich sie zählen, so wären sie mehr als der
Sand:
    Am Ende bin ich noch immer bei dir.

Der Herr ist meines Lebens Kraft, mein Licht
und mein Heil. Halleluja.

Abendmahl   *aus Psalm 34*

Schmecket und sehet, wie freundlich der Herr
ist. Wohl dem, der auf ihn trauet!

Ich will den Herrn loben allezeit;
    sein Lob soll immerdar in meinem Munde
    sein.
Meine Seele soll sich rühmen des Herrn,
    daß es die Elenden hören und sich freuen.
Preiset mit mir den Herrn
    und laßt uns miteinander seinen Namen
    erhöhen!
Fürchtet den Herrn, ihr seine Heiligen!
    Denn die ihn fürchten, haben keinen Mangel.
Reiche müssen darben und hungern;
    aber die den Herrn suchen, haben keinen
    Mangel an irgendeinem Gut.

Schmecket und sehet, wie freundlich der Herr
ist. Wohl dem, der auf ihn trauet!

Beichte   *aus Psalm 130*

Rufe mich an in der Not, so will ich dich
erretten, und du sollst mich preisen.

Aus der Tiefe rufe ich, Herr, zu dir.
    Herr, höre meine Stimme!
Laß deine Ohren merken
    auf die Stimme meines Flehens!
Wenn du, Herr, Sünden anrechnen willst,
    Herr, wer wird bestehen?
Denn bei dir ist die Vergebung,
    daß man dich fürchte.
Ich harre des Herrn, meine Seele harret,
    und ich hoffe auf sein Wort.
Meine Seele wartet auf den Herrn
    mehr als die Wächter auf den Morgen;
Mehr als die Wächter auf den Morgen
    hoffe Israel auf den Herrn!
Denn bei dem Herrn ist die Gnade
    und viel Erlösung bei ihm.
Und er wird Israel erlösen
    aus allen seinen Sünden.

Rufe mich an in der Not, so will ich dich
erretten, und du sollst mich preisen.

Marias Lobgesang   *Luk. 1, 46 – 55*

Die Barmherzigkeit des Herrn währet immer
für und für bei denen, die ihn fürchten.

Meine Seele erhebt den Herrn,
    und mein Geist freuet sich Gottes, meines
    Heilandes;
Denn er hat die Niedrigkeit seiner Magd
angesehen.
    Siehe, von nun an werden mich selig preisen
    alle Kindeskinder.
Denn er hat große Dinge an mir getan,
    der da mächtig ist und des Name heilig ist.
Und seine Barmherzigkeit währet immer
für und für
    bei denen, die ihn fürchten.
Er übet Gewalt mit seinem Arm
    und zerstreuet, die hoffärtig sind in ihres
    Herzens Sinn.
Er stößet die Gewaltigen vom Thron
    und erhebt die Niedrigen.
Die Hungrigen füllet er mit Gütern
    und läßt die Reichen leer.
Er denket der Barmherzigkeit
    und hilft seinem Diener Israel auf,
Wie er geredet hat unsren Vätern,
    Abraham und seinen Kindern ewiglich.

Die Barmherzigkeit des Herrn währet immer
für und für bei denen, die ihn fürchten.

Jesus Christus, gestern und heute und derselbe
auch in Ewigkeit.

Jesus Christus, ob er wohl in göttlicher Gestalt
war,
    nahm er's nicht als einen Raub, Gott gleich
    zu sein,
Sondern entäußerte sich selbst
    und nahm Knechtsgestalt an,
Ward gleich wie ein andrer Mensch
    und an Gebärden als ein Mensch erfunden.
Er erniedrigte sich selbst.
    und ward gehorsam bis zum Tode, ja zum
    Tode am Kreuz.
Darum hat ihn auch Gott erhöht
    und hat ihm den Namen gegeben, der über
    alle Namen ist.
Daß in dem Namen Jesu sich beugen sollen,
    aller derer Knie, die im Himmel und auf
    Erden und unter der Erde·sind.
Und alle Zungen bekennen sollen,
    daß Jesus Christus der Herr sei,
    zur Ehre Gottes des Vaters.

Jesus Christus, gestern und heute und derselbe
auch in Ewigkeit.

Fürbitten

1.

Laßt uns im Frieden den Herrn anrufen: um
den Frieden, der von Gott kommt, und das
Heil unserer Seelen, um den Frieden der ganzen
Welt und die Ausbreitung des Evangeliums in
allen Völkern, um die Dauer der heiligen
Kirche und um Einigkeit unter allen Menschen,
laßt uns den Herrn anrufen:

Herr, erbarme dich.

Für dieses ihm geheiligte Haus und für alle, die
es im Glauben und in der Furcht Gottes be-
treten, für die Bischöfe, Pfarrer und Lehrer, daß
sie das Wort der Wahrheit recht verkündigen, für
die ganze christliche Gemeinde und für alle,
die ihr dienen im Amt der Leitung und in der
Arbeit der Liebe, laßt uns den Herrn anrufen:

Herr, erbarme dich.

Für unser Land und alle, die für sein Wohl Verantwortung tragen, daß ihnen Gott beistehe
und sie leite, für diesen Ort und alle, die darin
wohnen, laßt uns den Herrn anrufen:

Herr, erbarme dich.

Um Gottes Segen für unsere Arbeit, um Gesundheit der Luft, Fruchtbarkeit der Erde und friedliche Zeiten, laßt uns den Herrn anrufen:

Herr, erbarme dich.

Für die Armen, Elenden und Gefangenen, für die Bedrängten und Verzweifelten, für die Kranken und Sterbenden und für ihr Heil, und daß Gott uns aus aller Not und Gefahr errette und uns, wenn unsere letzte Stunde kommt, in Frieden heimhole, laßt uns den Herrn anrufen:

Herr, erbarme dich.

Nimm dich unser gnädig an, rette und erhalte uns, denn dir allein gebührt der Ruhm und die Ehre und die Anbetung, dem Vater und dem Sohn und dem Heiligen Geist, jetzt und immerdar und von Ewigkeit zu Ewigkeit.

2.

Herr, unser Gott, dein Wort lädt uns ein, zu dir
zu kommen mit unseren Freuden und Sorgen,
mit unserer Bitte und unserem Dank. Laß uns
nicht müde werden, zu dir zu rufen:

Herr, erbarme dich.

Wir leben in Frieden und Wohlstand, aber er-
fahren täglich von Hunger und Armut, von
ungerechten Verhältnissen, von Gewalt und
Blutvergießen. Störe uns, wenn wir nur an uns
denken, hilf uns helfen. Wir rufen zu dir:

Herr, erbarme dich.

Wir haben Arbeit und Einkommen, wir können
kaufen, was wir brauchen und mehr als wir
brauchen. Wir wissen, daß wir davon allein
nicht leben: Hilf uns, es anderen zu zeigen,
lehre uns sinnvoll umgehen mit unserem Geld
und unserer Zeit. Wir rufen zu dir:

Herr, erbarme dich.

Wir nutzen mit Freude die Möglichkeiten, die
uns die Technik eröffnet, die Erleichterung
unserer Arbeit und die Bequemlichkeit des
Verkehrs. Wir erkennen auch die Gefahren, die
uns umgeben. Bewahre uns vor Leichtsinn und
Selbstüberschätzung. Wir rufen zu dir:

Herr, erbarme dich.

Wir tragen Verantwortung für andere Menschen, für ihren Glauben, für ihre Bildung, für ihre Gesundheit. Es fällt uns schwer, dieser Aufgabe gerecht zu werden. Gib uns Geduld und gute Einfälle, gib uns Sachlichkeit und Liebe. Wir rufen zu dir:

Herr, erbarme dich.

Wir sind im Glauben verbunden zur Gemeinde über viele menschliche Grenzen und Unterschiede hinweg. Warum gibt es soviel Uneinigkeit und Streit unter uns, warum sind wir so mißtrauisch und unversöhnlich? Vergib uns unsere Schuld, unsere Enge und unseren Starrsinn. Führe uns wieder zusammen. Wir rufen zu dir:

Herr, erbarme dich.

Herr, lieber Vater, du hast unserem Leben ein Ziel gesetzt, wir beten dich an. Du zeigst uns durch Jesus, unsern Herrn, den Weg, auf dem wir zum Ziel gelangen. Erfülle uns mit der Kraft deines Geistes, daß wir ihn gehen.

3.

Herr, erweise uns deine Gnade
    und hilf uns.
Deine Güte, Herr, sei über uns,
    wie wir auf dich hoffen.
Denke, Herr, an deine Gemeinde,
    die du dir gesammelt hast.
Wir beten für alle Brüder und Schwestern in
der Christenheit,
    hilf, Herr, deinen Gläubigen, die auf dich
    trauen.
Wir bitten dich für alle Bischöfe, Pfarrer und
Lehrer,
    segne ihren Dienst in aller Welt.
Wir bitten dich für unser Volk und Land und
alle, die uns regieren,
    laß Eintracht und Gerechtigkeit unter uns
    wohnen.
Wir bitten dich um Frieden in allen Ländern,
    bewahre die Völker vor Gewalt und Blutver-
    gießen.
Wir rufen dich an für alle Zweifelnden und
Bedrängten,
    laß deine Hilfe nahe sein allen, die dich
    suchen.
Wir bitten dich für alle Sterbenden,
    in deine Hände befehlen wir ihren Geist.

Herr, lehre uns bedenken, daß wir sterben
müssen,
    auf daß wir klug werden.
Herr, unser Gott, sei uns gnädig,
    wie wir auf dich vertrauen.

4.

Gott, du hast uns die Augen gegeben:
    Laß uns gute Dinge sehen.
Du hast uns das Gehör verliehen:
    Laß uns gute Worte hören.
Du hast uns die Sprache geschenkt:
    Hilf uns, gute Worte sagen.
Du hast uns den Verstand gegeben:
    Laß uns deinen Willen erkennen.
Du hast uns aus Fleisch und Blut gemacht:
    Hilf uns deinen Willen tun.
Du hast uns mit anderen Menschen verbunden:
    Hilf uns sie achten und lieben.
Du hast uns das Leben geschenkt:
    Gott, laß uns glücklich sein.

5.

Herr Jesus Christus, du bist der treue Bote der
Liebe Gottes. Wir rufen alle zu dir:

Herr, sende Boten deiner Liebe.

In die großen Städte mit den vielen Menschen:
In alle einsamen Dörfer:
In die großen Fabriken und Betriebe:
In die Schulen und Kasernen:
In die Krankenhäuser und Altenheime:
In die Gefängnisse und Lager:
In die Kriegsgebiete und hungernden Länder:
Zu den Menschen, die dich nicht kennen:
Zu den Mohammedanern und Buddhisten:
Zu unseren Brüdern, den Juden:
Zu den Christen aller Bekenntnisse:

Herr, sende Boten deiner Liebe,

damit wir alle eins sind in der Liebe zu dir.

6.

Lieber Vater im Himmel, wir haben dein Wort
gehört, wir antworten dir mit unseren Gebeten
und Liedern.

    Wir danken dir, daß du für uns da bist.

Herr Jesus Christus, du bist zu uns gekommen,
um uns Gottes Liebe zu bringen.

    Dir vertrauen wir uns an.

Gott, Heiliger Geist, du sammelst uns und alle
Menschen in deiner Gemeinde.

    Laß uns deine Boten sein.

Wir bitten dich für alle, die wir lieb haben, für
unsere Angehörigen und Freunde.

    Erhalte sie in deiner Liebe.

Wir denken an die vielen Menschen, die in Not
sind, die in Angst und Sorge leben.

    Hilf ihnen und zeige uns, wie wir ihnen
helfen können.

Wir beten für alle, die unter Hunger, Unge-
rechtigkeit und Gewalt leiden.

    Gib uns und allen Menschen Frieden.

GLAUBENSBEKENNTNISSE

1.

Ich glaube an Gott, den Vater, den Allmächtigen,
den Schöpfer des Himmels und der Erde.

Und an Jesus Christus, seinen eingeborenen
Sohn, unsern Herrn, empfangen durch den
Heiligen Geist, geboren von der Jungfrau Maria,
gelitten unter Pontius Pilatus, gekreuzigt, gestorben und begraben, hinabgestiegen in das
Reich des Todes, am dritten Tage auferstanden
von den Toten, aufgefahren in den Himmel; er
sitzt zur Rechten Gottes, des allmächtigen
Vaters; von dort wird er kommen, zu richten
die Lebenden und die Toten.

Ich glaube an den Heiligen Geist, die heilige
christliche Kirche, Gemeinschaft der Heiligen,
Vergebung der Sünden, Auferstehung der Toten
und das ewige Leben.

Apostolisches Glaubensbekenntnis

2.

Wir glauben an den einen Gott, den Vater, den
Allmächtigen, der alles geschaffen hat, Himmel
und Erde, die sichtbare und die unsichtbare
Welt.

Und an den einen Herrn Jesus Christus, Gottes eingeborenen Sohn, aus dem Vater geboren vor aller Zeit: Gott von Gott, Licht vom Licht, wahrer Gott vom wahren Gott, gezeugt, nicht geschaffen, eines Wesens mit dem Vater; durch ihn ist alles geschaffen. Für uns Menschen und zu unserm Heil ist er vom Himmel gekommen, hat Fleisch angenommen durch den Heiligen Geist von der Jungfrau Maria und ist Mensch geworden. Er wurde für uns gekreuzigt unter Pontius Pilatus, hat gelitten und ist begraben worden, ist am dritten Tage auferstanden nach der Schrift und aufgefahren in den Himmel. Er sitzt zur Rechten des Vaters und wird wiederkommen in Herrlichkeit, zu richten die Lebenden und die Toten; seiner Herrschaft wird kein Ende sein.

Wir glauben an den Heiligen Geist, der Herr ist und lebendig macht, der aus dem Vater und dem Sohn hervorgeht, der mit dem Vater und dem Sohn angebetet und verherrlicht wird, der gesprochen hat durch die Propheten, und die eine, heilige, christliche und apostolische Kirche. Wir bekennen die eine Taufe zur Vergebung der Sünden. Wir erwarten die Auferstehung der Toten und das Leben der kommenden Welt.

Nizänisches Glaubensbekenntnis

3.

Ich glaube, daß mich Gott geschaffen hat samt
allen Kreaturen, mir Leib und Seele, Augen,
Ohren und alle Glieder, Vernunft und alle
Sinne gegeben hat und noch erhält;
dazu Kleider und Schuh, Essen und Trinken,
Haus und Hof, Weib und Kind, Acker, Vieh
und alle Güter; mit aller Notdurft und Nahrung
dieses Leibes und Lebens mich reichlich und
täglich versorget, wider alle Fährlichkeit be-
schirmet und vor allem Übel behütet und bewahret;
und das alles aus lauter väterlicher, göttlicher
Güte und Barmherzigkeit, ohn all mein Ver-
dienst und Würdigkeit: des alles ich ihm zu
danken und zu loben und dafür zu dienen und
gehorsam zu sein schuldig bin.
Das ist gewißlich wahr.

Ich glaube, daß Jesus Christus, wahrhaftiger
Gott vom Vater in Ewigkeit geboren und auch
wahrhaftiger Mensch von der Jungfrau Maria
geboren, sei mein Herr,
der mich verlornen und verdammten Menschen
erlöset hat, erworben, gewonnen von allen
Sünden, vom Tode und von der Gewalt des
Teufels; nicht mit Gold oder Silber, sondern
mit seinem heiligen, teuren Blut und mit seinem

unschuldigen Leiden und Sterben;
auf daß ich sein eigen sei und in seinem Reich
unter ihm lebe und ihm diene in ewiger Gerechtigkeit, Unschuld und Seligkeit, gleichwie er ist
auferstanden vom Tode, lebet und regieret in
Ewigkeit.
Das ist gewißlich wahr.

Ich glaube, daß ich nicht aus eigener Vernunft
noch Kraft an Jesus Christus, meinen Herrn,
glauben oder zu ihm kommen kann;
sondern der Heilige Geist hat mich durch das
Evangelium berufen, mit seinen Gaben erleuchtet, im rechten Glauben geheiligt und erhalten;
gleichwie er die ganze Christenheit auf Erden
beruft, sammelt, erleuchtet, heiligt und bei
Jesus Christus erhält im rechten, einigen Glauben;
in welcher Christenheit er mir und allen Gläubigen täglich alle Sünden reichlich vergibt und
am Jüngsten Tage mich und alle Toten aufer-
wecken wird und mir samt allen Gläubigen in
Christus ein ewiges Leben geben wird.
Das ist gewißlich wahr.

Martin Luther

4.

Wir loben und preisen dich, Gott den allmächtigen Vater. Du hast uns und alle Welt ins Leben gerufen und waltest über uns mit deiner Güte und Treue.

Wir loben und preisen dich, unseren Herrn Jesus Christus. Du bist das ewige Wort des Vaters und hast uns seine Liebe offenbart. Du hast unser Menschenlos getragen und unsere Schuld auf dich genommen. Du bist am Kreuz für uns gestorben. Von den Toten auferweckt, bist du uns nahe mit deinem Trost und rettest uns im Gericht.

Wir loben und preisen dich, den Heiligen Geist. Du hast uns durch die Taufe zum Glauben gerufen und erleuchtest uns durch die Predigt des Evangeliums. Du stärkst uns in der Liebe durch die Feier des heiligen Mahles und gibst uns eine Hoffnung, die auch der Tod nicht zerstört. Aus allem, was Menschen trennen kann, sammelst du uns in der einen heiligen Kirche zum Dienst in dieser Welt und willst uns vollenden in deinem ewigen Reich.

Dir, unserem Gott, sei Ehre in Ewigkeit.

Kurhessen-Waldeck 1966

5.

Wir leben davon, daß Gott unser Vater ist. Das Weltall und unser Leben sind sein Werk. Er lenkt die Geschichte und ist auch mächtig, wo wir sein Wirken nicht wahrnehmen.

Wir leben davon, daß Gott in Jesus Christus Mensch wurde. Er lebte wie wir, doch er war ganz mit Gott verbunden. An ihm erkennen wir, wie einer dem anderen begegnen kann. Er ist getötet und begraben worden, aber wir wissen: Christus lebt. Bei ihm endet alle Schuld. Mit ihm hat Gott uns ein neues Leben geschenkt. Auch der Tod kann uns nicht von ihm trennen.

Wir leben davon, daß Gott uns durch seinen Geist hilft. Durch ihn will er alle Menschen in einer Kirche sammeln. Durch ihn gibt er uns Kraft zum Glauben und Mut, für Gerechtigkeit und Frieden einzutreten. Sein Reich ist unsere Hoffnung.

Heidelberg 1966

6.

Wir bekennen Jesus Christus als den Heiland der Menschen und das Licht der Welt. Gemeinsam unterstellen wir uns seinem Gebot. Ihn unter den Menschen zu bezeugen, übernehmen wir von neuem als unseren Beruf. Allen Menschen bieten wir uns an zum Dienst in der Liebe,

mit der allein er uns liebt. Von neuem bekennen wir seinen Auftrag, in ihm unsere Einheit
sichtbar zu machen. Dazu bitten wir um die
Gabe des Heiligen Geistes.

Neu Delhi 1961

7.

Wir glauben, daß die Einheit, die zugleich Gottes
Wille und seine Gabe an seine Kirche ist, sichtbar gemacht wird, indem alle an jedem Ort, die
in Jesus Christus getauft sind und ihn als Herrn
und Heiland bekennen, durch den Heiligen
Geist in eine völlig verpflichtete Gemeinschaft
geführt werden, die sich zu dem einen aposto-
lischen Glauben bekennt, das eine Evangelium
verkündigt, das eine Brot bricht, sich im gemeinsamen Gebet vereint und ein gemeinsames
Leben führt, das sich in Zeugnis und Dienst an
alle wendet. Sie sind zugleich vereint mit der
gesamten Christenheit an allen Orten und zu
allen Zeiten in der Weise, daß Amt und Glieder
von allen anerkannt werden und daß alle gemeinsam so handeln und sprechen können, wie
es die gegebene Lage im Hinblick auf die Aufgaben erfordert, zu denen Gott sein Volk ruft.
Wir glauben, daß wir für solche Einheit beten
und arbeiten müssen.

Neu Delhi 1961

GEBETE

Das Vaterunser

Vater unser im Himmel. Geheiligt werde dein
Name. Dein Reich komme. Dein Wille geschehe,
wie im Himmel, so auf Erden. Unser tägliches
Brot gib uns heute. Und vergib uns unsere
Schuld, wie auch wir vergeben unsern Schuldi-
gern. Und führe uns nicht in Versuchung,
sondern erlöse uns von dem Bösen. Denn dein
ist das Reich und die Kraft und die Herrlich-
keit in Ewigkeit.

Das tägliche Gebet

Herr, mein Gott, ich danke dir. Du hast mir
das Leben geschenkt. Du bist mein Halt und
meine Freude. Ich danke dir dafür, daß . . .
Ich bitte dich: Gib mir deinen Willen zu erkennen und hilf mir, ihn zu tun. Hilf mir . . .
Aber ich will nicht nur an mich denken. Ich
bitte dich für meine Eltern, für unsere Familie
. . . Ich bitte dich für meine Freunde, besonders
für . . . Halte uns miteinander verbunden.

Ich denke an die Menschen, die in Not sind: an die Kranken und Einsamen . . . Ich denke an die Hungernden, an die von Krieg Betroffenen . . . Laß sie nicht verzweifeln. Schaffe Möglichkeiten, ihnen zu helfen.
Ich bitte dich für alle Männer und Frauen, die besondere Verantwortung tragen: die Lehrer, die Ärzte, die Wissenschaftler, die Politiker, besonders für . . . Zeige mir meine eigenen Aufgaben und hilf mir, sie zu erfüllen.
Ich bete zu dir mit allen Christen auf Erden. Wecke neuen Glauben, neue Liebe, neue Hoffnung bei uns und in aller Welt.
Wir bitten dich durch Jesus Christus, deinen Sohn, unseren Bruder.

Herr, mach uns zu Helfern deines Friedens: daß wir lieben, wo man sich haßt; daß wir verzeihen, wo man sich beleidigt; daß wir verbinden, wo Streit ist; daß wir die Wahrheit sagen, wo Irrtum herrscht; daß wir Hoffnung wecken, wo Verzweiflung quält; daß wir ein Licht anzünden, wo Finsternis regiert; daß wir Freude bringen, wo Kummer wohnt. Herr, laß uns erkennen, worauf es ankommt: nicht, daß wir getröstet

werden, sondern daß wir trösten; nicht, daß wir
verstanden werden, sondern daß wir verstehen;
nicht, daß wir geliebt werden, sondern daß wir
lieben. Denn wer hingibt, der empfängt; wer
sich selbst vergißt, der findet; wer verzeiht,
dem wird verziehen; und wer stirbt, wird nicht
verloren sein.

Meine Seele, lobe den Herrn, denn seine Gnade
ist groß. Die ganze Welt gehört ihm, und doch
findet er Zeit, für mich zu sorgen. Er ist der
Herr über alle und alles, und doch beherrscht er
mich nicht. Er schenkt mir seine Freundschaft
und ist überall bei mir. Wenn ich eigene Wege
gehe, führt er mich auf seinen Weg zurück und
leitet mich an seiner Hand. Wenn Freunde mich
verlassen, bleibt er mir zur Seite. Wenn Hoff-
nungen zunichte werden, läßt er mich wieder
hoffen. Wenn ich traurig und bedrückt bin,
macht er mich wieder fröhlich. Wenn mir das
Leben sinnlos scheinen will, gibt er ihm wieder
Sinn. Er schenkt mir seine Gnade, die ich nicht
verdiene. Er läßt mich nicht aus den Augen;
das gibt mir Mut zum Leben. Ich weiß nicht,
warum er so gütig und gnädig ist. Eins aber
weiß ich: Der Herr ist barmherzig. Danke ihm,
meine Seele!

Lieber himmlischer Vater, wir danken dir, daß
deine Liebe uns eint; wir danken dir für die
Menschen, die du uns anvertraust und wert
machst; wir danken dir, daß wir einander dienen dürfen. Heilige unsere Liebe. Heilige unseren Dienst. Hilf, daß wir einander den Weg
weisen, daß wir Boten deiner Wahrheit werden.
Hilf, daß wir einander befreien. Laß unsere
Liebe ein Zeugnis sein, das deinen Namen
verkündigt.

Herr Jesus, laß uns dein Wort nicht zum Gericht
werden dadurch, daß wir es hören und nicht
tun, daß wir es kennen und nicht lieben, daß
wir ihm glauben, aber nicht gehorchen. Gib
uns vielmehr ein williges Herz und freudigen
Mut, dir nachzufolgen, der du mit dem Vater
und dem Heiligen Geiste lebest und regierest
von Ewigkeit zu Ewigkeit.

Herr, gib mir die Kraft zu ändern, was geändert
werden muß. Gib mir Gelassenheit hinzunehmen,
was nicht zu ändern ist. Gib mir die Weisheit,
daß ich beides unterscheiden kann.

Am Morgen

Das walte Gott Vater, Sohn und Heiliger Geist.
Amen.
Ich danke dir, mein himmlischer Vater, durch
Jesus Christus, deinen lieben Sohn, daß du
mich diese Nacht vor allem Schaden und
Gefahr behütet hast, und bitte dich, du wollest
mich diesen Tag auch behüten vor Sünden und
allem Übel, daß dir all mein Tun und Leben
gefalle, denn ich befehle mich, meinen Leib
und meine Seele und alles in deine Hände.
Dein heiliger Engel sei mit mir, daß der böse
Feind keine Macht an mir finde.

Herr, ich bitte dich: Gib mir neues Leben, gib
mir dein Leben, gib mir deinen Geist, daß ich
dein Wort höre, daß ich deinen Willen tue, daß
ich ein Kind deines Lichts werde, daß ich wirke
für deinen Tag, für den Tag, der kommt.

Herr, unser Gott, dir übergeben wir uns aufs
neue mit allem, was wir sind und haben. Heilige uns durch deinen Geist, daß wir unsere
Kräfte und Gaben und alles Gute recht gebrau-
chen in deinem Dienst.

Herr, ich bitte dich an diesem Morgen: hilf mir
bei meiner Arbeit. Gib mir gute Gedanken,
Geduld zum Lernen und Freude bei allem Tun.
Sei mit mir heute und alle Tage, die du mir
schenkst.

Führe mich, o Herr, und leite meinen Gang
nach deinem Wort; sei und bleibe du auch heute
mein Beschützer und mein Hort. Nirgends als
von dir allein kann ich recht bewahret sein.

Zu Tisch

Aller Augen warten auf dich, Herr, und du gibst
ihnen ihre Speise zur rechten Zeit. Du tust
deine Hand auf und sättigst alles, was lebt,
nach deinem Wohlgefallen.

Herr Gott, himmlischer Vater, segne uns und
diese deine Gaben, die wir von deiner Güte zu
uns nehmen, durch Jesus Christus, unsern
Herrn.

Von deiner Gnade leben wir, und was wir haben,
kommt von dir. Drum sagen wir dir Dank und
Preis, tritt segnend ein in unsern Kreis.

Komm, Herr Jesus, sei unser Gast und segne
uns und was du uns bescheret hast.

Zwei Dinge, Herr, sind not, die gib nach deiner
Huld: Gib uns das täglich Brot, vergib uns
unsre Schuld.

Alle guten Gaben, alles, was wir haben, kommt,
o Gott, von dir. Dank sei dir dafür.

Herr, du hast alles erschaffen um deines
Namens willen. Du hast den Menschen Speise
und Trank gegeben, damit sie dir danken. Dir
sei Ehre in Ewigkeit.

Am Abend

Das walte Gott Vater, Sohn und Heiliger Geist.
Amen.
Ich danke dir, mein himmlischer Vater, durch
Jesus Christus, deinen lieben Sohn, daß du
mich diesen Tag gnädig behütet hast, und bitte
dich, du wollest mir vergeben all meine Sünde,
wo ich Unrecht getan habe, und mich diese

Nacht auch gnädig behüten, denn ich befehle
mich, meinen Leib und Seele und alles in deine
Hände. Dein heiliger Engel sei mit mir, daß der
böse Feind keine Macht an mir finde.

Bleibe bei uns, Herr, denn es will Abend werden
und der Tag hat sich geneigt. Bleibe bei uns
und bei deiner ganzen Kirche. Bleibe bei uns
am Abend des Tages, am Abend des Lebens,
am Abend der Welt. Bleibe bei uns mit deiner
Gnade und Güte, mit deinem heiligen Wort und
Sakrament, mit deinem Trost und Segen. Bleibe
bei uns, wenn über uns kommt die Nacht der
Trübsal und Angst, die Nacht des Zweifels und
der Anfechtung, die Nacht des bitteren Todes.
Bleibe bei uns und bei allen deinen Gläubigen
in Zeit und Ewigkeit.

Unser Abendgebet steige auf zu dir, Herr, und es
senke sich auf uns herab dein Erbarmen. Dein
ist der Tag und dein ist die Nacht, laß, wenn
des Tages Schein vergeht, das Licht deiner Wahrheit uns leuchten. Geleite uns zur Ruhe der
Nacht und vollende dein Werk an uns in
Ewigkeit.

Herr, vergib mir, was ich heute versäumt habe.
Laß mich Frieden finden mit dir, Frieden mit
den Menschen und Frieden mit mir selbst.

Von guten Mächten wunderbar geborgen, erwarten wir getrost, was kommen mag. Gott
ist bei uns am Abend und am Morgen und ganz
gewiß an jedem neuen Tag.

Vor dem Gottesdienst

Herr, ich habe lieb die Stätte deines Hauses und
den Ort, da deine Ehre wohnt.

Herr, öffne mir die Ohren und das Herz, daß
ich deine Stimme höre.

Lieber Herr, hilf mir hören und verstehen, was
du mir jetzt sagen willst.

Ganz nah ist dein Wort, Herr, unser Gott, ganz
nah deine Gnade. Begegne uns denn mit Macht
und Erbarmen. Laß nicht zu, daß wir taub sind
für dich, mache uns offen und empfänglich für
Jesus Christus, deinen Sohn, der kommen wird,
damit er uns suche und rette, heute und täglich,
bis in Ewigkeit.

Beim Abendmahl

Herr, ich bin nicht wert, daß du zu mir kommst, aber sprich nur ein Wort, so wird meine Seele gesund.

Lobe den Herrn, mein Seele, und was in mir ist seinen heiligen Namen. Lobe den Herrn, meine Seele, und vergiß nicht, was er dir Gutes getan hat.

Du bist da, ich danke dir. Du vergibst mir, ich danke dir.

Nach dem Gottesdienst

Laß mich dein sein und bleiben, du treuer Gott und Herr, von dir laß mich nichts treiben, halt mich bei deiner Lehr. Herr, laß mich nur nicht wanken, gib mir Beständigkeit; dafür will ich dir danken in alle Ewigkeit.

Erhalt uns in der Wahrheit, gib ewigliche Freiheit, zu preisen deinen Namen durch Jesus Christus. Amen.

Herr, verleihe uns, daß die Ohren, die dein
Wort gehört haben, verschlossen sind für die
Stimme des Streites und des Unfriedens, daß
die Augen, die deine große Liebe gesehen haben,
auch deine selige Hoffnung schauen, daß die
Zungen, die dein Lob gesungen haben, hinfort
die Wahrheit bezeugen, daß die Füße, die in
deinen Vorhöfen gestanden haben, hinfort
nicht abirren von den Wegen des Lichts und daß
die Leiber, die an deinem lebendigen Leibe
Anteil hatten, hinfort in einem neuen Leben
wandeln.

BEICHTE

Wenn wir sagen, wir haben keine Sünde, so verführen wir uns selbst und die Wahrheit ist nicht in uns. Wenn wir aber unsre Sünden bekennen, so ist Gott treu und gerecht, daß er uns die Sünden vergibt und reinigt uns von aller Untugend.

aus 1. Johannes 1

Erforsche mich, Gott, und erkenne mein Herz; prüfe mich und erkenne, wie ich's meine. Und sieh, ob ich auf bösem Wege bin, und leite mich auf ewigem Wege.

aus Psalm 139

Wir bekennen unsere Schuld: Wir haben unsere Tage verbracht, ohne Gott zu ehren. Wir waren in Not, ohne seinen Trost zu suchen. Wir haben mit unseren Nächsten zusammengelebt, ohne sie zu lieben. Wir haben unsere Gaben und Güter gebraucht, ohne anderen Menschen zu dienen. Wir sind armen, kranken und schwachen Menschen begegnet, ohne ihnen zu helfen. Herr, wir bitten dich: Vergib uns unsere Schuld.

Herr, im Lichte deiner Wahrheit erkenne ich,
daß ich gesündigt habe in Gedanken, Worten
und Werken. Dich, meinen Gott und Heiland,
soll ich über alles lieben, aber ich habe mich
selbst mehr geliebt als dich. Du hast mich in
deinen Dienst gerufen, aber ich habe die Zeit
vertan, die du mir anvertraut hast. Du hast mir
meinen Nächsten gegeben, ihn zu lieben wie
mich selbst, aber ich erkenne, wie sehr ich ver-
sagt habe in Selbstsucht und Trägheit des Herzens. Darum komme ich zu dir und bekenne
meine Schuld. Richte mich, mein Gott, aber
verwirf mich nicht. Ich weiß keine andere Zu-
flucht als dein unergründliches Erbarmen. Ich
bitte dich: Vergib mir alle meine Sünde.

Ich möchte gerne frei sein von meiner Angst,
gegen den Strom zu schwimmen, damit ich tun
kann, was recht ist.
Ich möchte gerne frei sein von dem Zwang,
immer nur an mich selber zu denken, damit ich
auch den anderen sehe.
Ich möchte gerne frei sein von meiner Art, den
bequemsten Weg zu gehen, damit ich mich mit
gutem Gewissen freuen kann über das Erreichte.

Ich möchte gerne frei sein von der Lieblosigkeit
anderen gegenüber, die mir nicht liegen, damit
es mir nachher nicht leid tut.
Ich möchte gerne frei sein von meinem Neid auf
jeden, der etwas ist oder hat; denn Neid macht
nicht fröhlich.
Ich möchte gerne frei sein von meiner Schuld,
die mich immer wieder bedrückt, damit ich neu
anfangen kann.
Herr, wenn du mich frei machst, dann bin ich
wirklich frei.

TEXTE

Die zehn Gebote

Wir sollen Gott über alle Dinge fürchten, lieben
und vertrauen.
Martin Luther

Ich bin der Herr, dein Gott.

Du sollst keine anderen Götter neben mir haben.

Du sollst dir keine Gottesbilder machen, um
sie anzubeten.

Du sollst den Namen Gottes nicht mißbrauchen.

Du sollst den Feiertag heiligen.

Du sollst deinen Vater und deine Mutter ehren.

Du sollst nicht töten.

Du sollst nicht ehebrechen.

Du sollst nicht stehlen.

Du sollst nicht falsch aussagen über deinen
Nächsten.

Du sollst nicht begehren, was deinem Nächsten
gehört.
nach 2. Mose 20

Es ist dir gesagt, Mensch, was gut ist, und was
der Herr von dir fordert, nämlich Gottes Wort
halten und Liebe üben und demütig sein vor
deinem Gott.

Micha 6, 8

Die Seligpreisungen

Selig sind, die geistlich arm sind; denn das Himmelreich ist ihr.

Selig sind, die Leid tragen, denn sie sollen getröstet werden.

Selig sind die Sanftmütigen; denn sie werden das Erdreich besitzen.

Selig sind, die hungert und dürstet nach der Gerechtigkeit; denn sie sollen satt werden.

Selig sind die Barmherzigen; denn sie werden Barmherzigkeit erlangen.

Selig sind, die reinen Herzens sind; denn sie werden Gott schauen.

Selig sind die Friedfertigen; denn sie werden Gottes Kinder heißen.

Selig sind, die um Gerechtigkeit willen verfolgt werden; denn das Himmelreich ist ihr.

aus Matthäus 5

Jesus Christus

Ich bin das Brot des Lebens. Wer zu mir kommt, den wird nicht hungern; und wer an mich glaubt, den wird nimmermehr dürsten.

Ich bin das Licht der Welt. Wer mir nachfolgt, der wird nicht wandeln in der Finsternis, sondern wird das Licht des Lebens haben.

Ich bin die Tür; wenn jemand durch mich eingeht, der wird gerettet werden.

Ich bin der gute Hirte. Meine Schafe hören meine Stimme und ich kenne sie, und sie folgen mir, und ich gebe ihnen das ewige Leben.

Ich bin die Auferstehung und das Leben. Wer an mich glaubt, der wird leben, auch wenn er stirbt.

Ich bin der Weg und die Wahrheit und das Leben; niemand kommt zum Vater denn durch mich.

Ich bin der Weinstock, ihr seid die Reben. Wer in mir bleibt und ich in ihm, der bringt viel Frucht; denn ohne mich könnt ihr nichts tun.

aus dem Johannesevangelium

Der Auftrag der Kirche

Jesus Christus spricht: Mir ist gegeben alle Gewalt im Himmel und auf Erden. Darum gehet hin und machet zu Jüngern alle Völker: Taufet sie auf den Namen des Vaters und des Sohnes und des Heiligen Geistes und lehret sie halten alles, was ich euch befohlen habe. Und siehe, ich bin bei euch alle Tage bis an der Welt Ende.

aus Matthäus 28

Das Abendmahl

Unser Herr Jesus Christus, in der Nacht, da er verraten ward, nahm er das Brot, dankte und brach's und gab's seinen Jüngern und sprach: „Nehmet hin und esset: Das ist mein Leib, der für euch gegeben wird; solches tut zu meinem Gedächtnis." Desselbigengleichen nahm er auch den Kelch nach dem Abendmahl, dankte und gab ihnen den und sprach: „Nehmet hin und trinket alle daraus: Dieser Kelch ist das Neue Testament in meinem Blut, das für euch vergossen wird zur Vergebung der Sünden; solches tut, so oft ihr's trinket, zu meinem Gedächtnis."

aus 1. Korinther 11

Die Vollmacht zur Vergebung

Jesus Christus spricht: Friede sei mit euch!
Gleichwie mich der Vater gesandt hat, so sende
ich euch. Welchen ihr die Sünden erlasset,
denen sind sie erlassen; und welchen ihr sie
behaltet, denen sind sie behalten.

aus Johannes 20

Glaube und Nachfolge

Also hat Gott die Welt geliebt, daß er seinen
eingebornen Sohn gab, auf daß alle, die an ihn
glauben, nicht verloren werden, sondern das
ewige Leben haben.

aus Johannes 3

Gott ist die Liebe, und wer in der Liebe bleibt,
der bleibt in Gott und Gott in ihm.

aus dem 1. Johannesbrief

Jesus Christus spricht: Du sollst lieben, Gott,
deinen Herrn, von ganzem Herzen, von ganzer
Seele und von ganzem Gemüte. Dies ist das vor-
nehmste und größte Gebot. Das andere aber ist
dem gleich: Du sollst deinen Nächsten lieben
wie dich selbst.

aus Matthäus 22

Ist jemand in Christus, so ist er eine neue Kreatur; das Alte ist vergangen, siehe, es ist alles neu
geworden. Denn Gott versöhnte in Christus
die Welt mit ihm selber und rechnete ihnen
ihre Sünden nicht zu und hat unter uns aufge-
richtet das Wort von der Versöhnung. So sind
wir nun Botschafter an Christi Statt; denn
Gott vermahnt durch uns; so bitten wir nun an
Christi Statt: Lassest euch versöhnen mit Gott!

aus 2. Korinther 5

Seid fleißig, zu halten die Einigkeit im Geist
durch das Band des Friedens: ein Leib und ein
Geist, wie ihr auch berufen seid zu einerlei
Hoffnung eurer Berufung; ein Herr, ein Glaube,
eine Taufe; ein Gott und Vater unser aller, der
da ist über allen und durch alle und in allen.

aus Epheser 4

Bittet, so wird euch gegeben; suchet, so werdet
ihr finden; klopfet an, so wird euch aufgetan.
Denn wer da bittet, der empfängt; und wer da
sucht, der findet; und wer da anklopft, dem
wird aufgetan.

aus Matthäus 7

Ich bin gewiß, daß weder Tod noch Leben,
weder Gegenwärtiges noch Zukünftiges, weder
Hohes noch Tiefes noch keine andere Kreatur
kann uns scheiden von der Liebe Gottes, die in
Christus Jesus ist, unsrem Herrn.

aus Römer 8

Unser keiner lebt sich selber und keiner stirbt
sich selber. Leben wir, so leben wir dem Herrn;
sterben wir, so sterben wir dem Herrn. Darum:
wir leben oder sterben, so sind wir des Herrn.
Denn dazu ist Christus gestorben und wieder
lebendig geworden, daß er über Tote und
Lebendige Herr sei.

aus Römer 14

O welch eine Tiefe des Reichtums, beides, der
Weisheit und der Erkenntnis Gottes! Wie gar
unbegreiflich sind seine Gerichte und unerforsch-
lich seine Wege! Denn wer hat des Herrn Sinn
erkannt, oder wer ist sein Ratgeber gewesen?
Oder wer hat ihm etwas zuvor gegeben, daß ihm
werde wiedervergolten? Denn von ihm und
durch ihn und zu ihm sind alle Dinge. Ihm sei
Ehre in Ewigkeit.

aus Römer 11

NOTEN

I. Liturgische Stücke zum Morgen- und Abendgebet

Wenn die Psalmen gesungen werden, können sie durch
Eingang und Lobpreis eingeleitet werden.

Eingang

E: Herr, tue meine Lip-pen auf,

A: daß mein Mund deinen Ruhm ver-kün-di-ge.

E: Gott, ge-den-ke mein nach dei-ner Gna-de.

A: Herr, erhöre mich mit deiner treu-en Hil-fe.

Ehre sei dem Vater und dem Sohne und dem Hei-li-gen

Gei-ste, wie es war im Anfang, jetzt und im-mer-dar

und von Ewigkeit zu E-wigkeit, A-men. Halle-lu-ja.

Statt des Halleluja in der Passionszeit:

Lob sei Dir, Herr, Du König der e-wi-gen Herrlich-keit.

Aufforderung zum Lobpreis

Kommt her - zu, laßt uns dem Herrn froh - lok - ken

und jauch - zen dem Hort un - se - res Heils.

Las - set uns mit Dan - ken vor sein An - ge -

sicht kom - men und mit Psal - men ihm jauch - zen.

Heu - te, so ihr sei - ne Stim - me hö - ret,

so ver - stok - ket eu - er Herz nicht.

Wechselvers

E: Herr, laß unsere Füße sichere Trit - te tun,
A: Dein Wort geleite uns auf allen unseren We - - gen.
E: Vom Aufgang der Sonne bis zu ihrem Nieder - gang,
A: sei gelobet der Name des Her - - ren.

Schluß

E: Laßt uns lob - prei - sen den Herrn.

A: Gott sei e - wig - lich Dank.

E: Es seg - ne und be - hü - te uns Gott,

der All - mäch - ti - ge und Barm - her - zi - ge,

Va - ter Sohn und Hei - li - ger Geist. A: A - men.

2. Psalmtonmodelle

2. Psalmton

5. Psalmton

8. Psalmton

3. Rahmenverse
Advent 1: Psalm 24

Sie - he, dein Kö - nig kommt zu dir, ein Ge -

rech - ter und ein Hel - fer. Psalmton 5

71

Advent 2: Psalm 98

Die Fin-ster-nis ver-ge-het, und das wah-

re Licht schei-net jetzt. Psalmton 5

Weihnachten: Psalm 95

Fürch-tet euch nicht, denn euch ist heu-te

der Hei-land ge-bo-ren. Psalmton 5

Epiphanias 1: Psalm 100

Wohl de-nen die in dei-nem Hau-se woh-nen,

die lo-ben dich im-mer-dar. Psalmton 8

Epiphanias 2: Psalm 105

Al-les Land be-te dich an und

lob-sin-ge dir, lob-sin-ge dei-nem

Na-men, du Höch-ster. Psalmton 8

Passion 1: Psalm 25

Ge-den-ke, Herr, an dei-ne Barm-her-zig-keit und an dei-ne Gü-te, die von E-wig-keit her ge-we-sen sind. Psalmton 2

Passion 2: Psalm 51

Gott, sei mir gnä-dig nach dei-ner Gü-te und til-ge mei-ne Sün-den nach dei-ner gro-ßen Barm-her-zig-keit. Psalmton 2

Ostern 1: Psalm 118

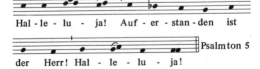

Hal-le-lu-ja! Auf-er-stan-den ist der Herr! Hal-le-lu-ja! Psalmton 5

73

Ostern 2: Psalm 23

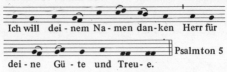

Ich will dei - nem Na - men dan - ken Herr für

dei - ne Gü - te und Treu - e. Psalmton 5

Pfingsten: Psalm 27

Herr, ich ha - be lieb die Stät - te

dei - nes Hau - ses und den Ort, da

dei - ne Eh - re wohnt. Psalmton 8

Trinitatis 1: Psalm 103

Wie sich ein Va - ter ü - ber Kin - der

er - barmt, so er - barmt sich der Herr ü - ber

die, die ihn fürch - ten. Psalmton 8

Trinitatis 2: Psalm 8

Herr, un - ser Herr-scher, wie herr - lich ist

Psalmton 8

dein Na - me in al - len Lan - den.

Trinitatis 3: Psalm 1

Wei-se mir, Herr, dei - nen Weg—, daß ich

Psalmton 2

wandle in dei - ner Wahr - heit.

Trinitatis 4: Psalm 46

Der Herr Ze - ba - oth ist mit uns, der Gott

Psalmton 2

Ja - kobs ist un - ser Schutz.

Tod und Ewigkeit Psalm 121

Psalmton 8

Herr, dei - ne Gü - te reicht so-weit der Him-mel ist.

Taufe: Psalm 139

Der Herr ist mei-nes Le - bens Kraft, mein Licht und

Psalmton 8

mein Heil, Hal-le - lu - ja, Hal-le - lu - ja.

Abendmahl: Psalm 34

Schmek-ket und se-het, wie freundlich der Herr ist.

Psalmton 5

Wohl dem, der auf ihn trau-et!

Beichte: Psalm 130

Ru-fe mich an in der Not, so will ich dich er-

Psalmton 2

ret-ten, so sollst du mich prei-sen.

Marias Lobgesang: Lukas 1

Die Barmher-zig-keit des Herrn währet im-mer für

Psalmton 5

und für bei de-nen, die ihn fürch-ten.

Christuslied: Phil. 2

Je-sus Chri-stus, ge-stern und heu-te und der-

Psalmton 5

sel-be auch in E - wig-keit.

NACHWORT

Das kleine Gebetbuch „Wachet und betet" erschien zum ersten Mal im März 1958, herausgegeben von Günter Bezzenberger und Walter Lotz. Bei seiner Gestaltung wurde darauf geachtet, daß es bei den vielfältigen Formen der Jugendarbeit Verwendung finden kann. Aber ebenso sollte es vom Einzelnen gebraucht werden können. Das Echo auf die Herausgabe war erstaunlich groß. Bereits nach drei Monaten mußte eine weitere Auflage erfolgen. Seitdem hat „Wachet und betet" von Jahr zu Jahr neue Auflagen erlebt und weite Verbreitung gefunden. Da das kleine Gebetbuch besonders auch Eingang im Konfirmandenunterricht fand, wurden von 1962 an einige Katechismusstücke als Ergänzung aufgenommen.

Zwölf Jahre nach der Zusammenstellung von „Wachet und betet" ergab sich nun die Notwendigkeit zur kritischen Durchsicht, um den inzwischen veränderten Formen der Jugend- und Gemeindearbeit Rechnung zu tragen. Dabei stellte es sich als notwendig heraus, das Gebetbuch so umzugestalten, daß es von den verschiedenen Altersstufen der Gemeinde gemeinsam gebraucht werden kann. In seiner veränderten Form kann „Wachet und betet" überall da verwendet werden, wo sich Gruppen zu Gebet und Arbeit zusammenfinden, seien es Hauskreise oder feste sachgebundene Gruppen, seien es „Gruppen auf Zeit" (etwa bei Tagungen und Freizeiten) oder Gruppen, bei denen es um Unterweisung geht (z. B. Konfirmandengruppen). Zugleich will das kleine Gebetbuch auch weiterhin dem Einzelnen ein guter Begleiter sein — gerade in einer Zeit, in der vielen der Umgang mit der Bibel und der Zugang zum Gebet schwerer geworden ist. Die folgende Einführung in die einzelnen Teile des Gebetbuches will seinen Gebrauch erleichtern und auf verschiedene Verwendungsmöglichkeiten aufmerksam machen.

Im *ersten Teil* finden sich drei Ordnungen für das gemeinsame Gebet: eine schlichte, die sich für die regelmäßige Andacht der Konfirmanden empfiehlt, und zwei reichere, die sich eher für Freizeiten und Arbeitstagungen eignen. Die für das Abendmahl vorgeschlagene Ordnung paßt weniger zum öffentlichen Gottesdienst als zur Feier im Hause, um den Tisch. Sie läßt sich übrigens zwanglos mit einer gemeinsamen Mahlzeit verbinden.

Alle Ordnungen lassen Raum für eine möglichst weitgehende Beteiligung der Versammelten: Psalmen und Fürbitten sollten nach Möglichkeit im Wechsel gebetet werden, entweder zwischen einem Vorbeter und allen übrigen oder zwischen zwei Gruppen. Die Auslegung durch einen Einzelnen sollte so oft wie möglich in ein Gespräch münden. Der Dienst des Vorbeters, des Lektors (Gesprächsleiters) und des Kantors muß keineswegs in einer Person vereinigt sein. Gelegentlich kann sich auch die Bildung eines kleinen Chores empfehlen.

Der *zweite Teil* enthält eine Sammlung von gebräuchlichen Psalmen und neutestamentlichen Lobgesängen, die versweise im Wechsel gesprochen oder auch gesungen werden können. Beim gemeinsamen Sprechen sollte alles laute Deklamieren vermieden werden. Die Noten für eine einfache musikalische Gestaltung des Psalmgebetes finden sich im Anhang, erarbeitet von H. Gerlach. Die im Wechsel zwischen Vorbeter(n) und Gemeinde zu sprechenden Fürbitten eignen sich gut für die Mitwirkung der Konfirmanden im sonntäglichen Gottesdienst, die vier letzten auch

für die Beteiligung der älteren Gruppen am
Kindergottesdienst

Die im *dritten Teil* abgedruckten Glaubensbe-
kenntnisse lassen sich nicht nur für die Be-
sprechung im Konfirmandenunterricht brauchen,
sondern auch für die gemeinsame Gestaltung
des Gemeindegottesdienstes.

Der *vierte Teil* enthält Vorschläge für das tägliche
Gebet des Einzelnen. Viele davon lassen sich
natürlich auch beim gemeinsamen Gebet ver-
wenden. Das gleiche gilt auch für die Beicht-
gebete des *fünften Teils.*

Der *sechste Teil* enthält eine Auswahl von
wichtigen Bibeltexten, die — neben den
Wochensprüchen und Abschnitten aus den
verschiedenen Bibelleseplänen (Kalendern) —
als Lesung beim gemeinsamen Gebet gebraucht
werden können. Größtenteils eignen sie sich
auch zum Auswendiglernen im Konfirmandenunterricht.

Das Gebetbuch will nicht mehr sein als ein viel-
fältiges und doch übersichtliches Angebot. Das
Gebet braucht Freiheit, um sich zu entfalten.
Es bedarf aber auch der Anregung und Ordnung,
wenn es nicht erlahmen soll.